Suomen vuosi 1954

Unto Hämäläinen

Lukijalle

On mielivaltaista leikata yksi vuosi historiasta ja kirjoittaa siitä. Jos on syntynyt kyseisenä vuonna, on siihen mielestäni täysi oikeus. Ei voi olla tärkeämpää vuotta. Kirja on tarkoitettu ennen muita viisikymmentä vuotta täyttäville suomalaisille. Meillä on oikeus tietää, millaiseen maahan me synnyimme.

Vuonna 1954 Suomi oli sodan runtelema, köyhä, takapajuinen ja jatkuvan ulkoisen uhan alla elävä maa. Valoa oli vain hieman näkyvissä. Maa oli jo vaurastunut sen verran, että elintarvikkeiden säännöstely pystyttiin lopettamaan 1. maaliskuuta 1954. Ja 3. joulukuuta 1954 ilmestyi Väinö Linnan Tuntematon sotilas. Pian siitä puhui koko kansa.

Tähän kirjaan on koottu päällimmäisiä tapahtumia silloisesta Suomesta. Idean kirjaan sain, kun ryhdyin miettimään, mitä antaisin lahjaksi vaimolleni Liisalle. Ole hyvä!

Kiitän kustantajaa Nettikirja comia kirjan ottamisesta julkaisuohjelmaansa ja kiitän työnantajaani Helsingin Sanomia luvasta kirjan kirjoittamiseen.

Unto Hämäläinen

toimittaja

Helsingin Sanomat Kuukausiliite

Meitä hoidettiin Ylpön neuvon mukaan

leitä syntyi 85 936. Poikavauvoja oli hieman enemmän, 43 47, ja tyttöjä 42 189. Syntyvyys oli selvästi pienempi kuin)40-luvun lopulla suurten ikäluokkien aikana, mutta ıomattavasti suurempi kuin tämän vuosituhannen alussa, lloin uusia suomalaisia syntyy vain runsaat 50 000 vuodessa.

rvo Ylppö oli tuon ajan tunnetuin lastenlääkäri ja ehdoton ıktoriteetti. Hän oli saanut arkkiatrin arvonimen ansioistaan stenhoidon uranuurtajana. Vuoden 1954 alussa Ylppö ısitteli lääkäriseura Duodecimin julkaisemassa Terveydenoitolehdessä vauvojen hoidossa ilmenneitä puutteita. meväisten pukemisessa tehdään etenkin keväisin kohtalokaita virheitä, kun niitä makuutetaan makuupusseissa ja vielä aiken lisäksi auringonpaisteessa. Makuupussit ovat ainoasan kovimman pakkasajan ja matkojen vaatekappaleita", lppö pauhasi. Arkkiatri kertoi omia kokemuksiaan vastaanoilta. Lapset olivat huopia ja vaatteita avattaessa kuin höyryatoja. Samoja virheitä tehtiin myös kylämatkoilla.

lpön sanaan luotettiin, ja lääkärit, kätilöt ja terveyssisaret ilittivät hänen neuvojaan pienten lasten vanhemmille. Sodan lkeen Suomeen oli pystytetty kattava neuvolaverkko - peräti)00 neuvolaa - ja sairaaloiden viereen oli rakennettu synnytyslaitoksia", kuten niitä siihen aikaan sanottiin. n todennäköistä, että Ylpön saarnan jälkeen meitä ei enää ıettu yhtä lämpimästi kuin vanhempia sisaruksiamme.

Pirjo ja Kari suosituimmat nimet

Viisikymmentä vuotta sitten uskottiin vielä avioliiton onneen Ikäluokkamme vanhemmista 95 prosenttia eli avioliitossa. Avioliiton solmimiseen vaikutti todennäköisesti kirkko, johon yli 90 prosenttia kansasta kuului.

Yli puolet meistä oli perheen ensimmäisiä tai toisia lapsia. Se vä enemmistö vanhemmistamme oli hyvin nuoria. Useimpien avioliitto oli kestänyt vain alle neljä vuotta. Kuuluipa kirkkoc tai ei, sai kuitenkin nimen. 1950-luvulla suosituimpia poikien nimiä olivat: Kari, Markku, Hannu, Matti, Seppo, Timo, Pekka, Jukka, Jorma ja Juha ja tyttöjen nimiä: Pirjo, Tuula, Riitta, Marja, Arja, Eija, Leena, Sirpa, Ritva ja Merja. On todennäköistä, että useimmat meistäkin saivat ensimmäisen, toisen tai molemmat etunimensä tästä joukosta.

Varsinkin vuoden alussa nimen antamisessa pidettiin kiirettä, sillä heti nimen antamisen jälkeen vauvalle haettiin oitis oma kahvin ostokortti.

Melkein joka kolmas suomalainen sai lapsilisää

ıurten ikäluokkien syntymisen jälkeen Suomen väestö- 'ramidi oli muuttunut. Koko maassa oli asukkaita 4,2 iljoonaa - nykyisin miljoona enemmän. Melkein kolmannes .nsasta, peräti 1,3 miljoonaa suomalaista, oli vuonna 1954 oli le 16-vuotiaita ja sai lapsilisää. Elinajanodote oli tuohon kaan huomattavasti lyhyempi kuin nykyisin. Vain vajaat itsemän prosenttia kansasta oli 65 vuotta täyttäneitä. ykyisin heitä on jo 15 prosenttia suomalaisista.

ıpsilisän maksaminen oli valtava ponnistus sodasta ipuvalle maalle. Ja toisinpäin - pienikin lapsilisä oli merkitsi 'vin paljon perheille, joilla raha oli tiukassa. Lapsilisäpäivää :rrattiin tilipäivään.

ırsinkin maaseudulla elettiin vielä lähes luontaistaloudessa käteistä rahaa oli hyvin vähän käytössä. Virallisen ıestötilaston mukaan meistä 75 prosenttia syntyi maaseudulla vain neljännes kaupungeissa. Meidän ikäluokkamme .nhemmista yli puolet sai leipänsä maa- ja metsätaloudesta, lä maatalouden osuus kaikista elinkeinoista oli yli 40 osenttia ja maaseudulla syntyvyys oli selvästi suurempi kuin .upungeissa. Yksi kolmasosa vanhemmistamme oli ollisuuden palveluksessa ja loput muissa töissä.

Vain yksi suurkaupunki - Helsinki

Suomessa oli vain yksi suurkaupunki. Se oli Helsinki. Vuode 1954 huhtikuussa Helsingin väkiluku nousi ensimmäisen kerran yli 400 000 asukkaan rajan yli. Seuraavina tulivat Tampere ja Turku, joissa molemmissa oli hieman yli satatuhatta asukasta. Muut kaupungit olivat huomattavasti pienempiä. Esimerkiksi Oulussa oli vain 60 000 asukasta ja Espoon kauppalassa oli 30 000 asukasta.

Maaseudulla asui siihen aikaan paljon ihmisiä. Muuttoliike o vasta tulossa. Sen rajuutta voi kuvata monella tavalla. Otetaa muutama esimerkki. Vuonna 1954 Kuusamon kunnassa oli 1 000 asukasta eli yli puolet Espoon kauppalan asukasmäärästä Espoon väkimäärä on paisunut valtavasti ja Kuusamo on pysynyt lähes ennallaan: Espoossa on 213 000 ja Kuusamoss runsaat 17 000 asukasta. Maaseutukunnaksi Kuusamo on kuitenkin pärjännyt melko mukavasti.

Yhtä hyvin ei ole käynyt esimerkiksi keskisuomalaiselle Viitasaarelle ja eteläpohjalaiselle Kuortaneelle. Viitasaarella oli 12 500 asukasta. Tänä vuonna viitasaarelaisia on vain vajaat kahdeksan tuhatta. Kuortaneella oli silloin 6 170 asukasta, ja tänään kuortanelaisia on vain runsaat neljä tuhatt

”Hyvinvointivaltio” oli vuoden uudissana

ıstannusosakeyhtiö Otava oli 1940-luvun lopulla ryhtynyt lkaisemaan Mitä-Missä-Milloin vuosikirjaa, josta tuli peasti hyvin suosittu. Kirjan vakio-osiin kuului silloin ja uluu edelleenkin vuoden uudissanojen palsta, johon kirjan imittajat poimivat vuoden aikana käyttöön tulleita uusia noja.

ı melkoinen sattuma, että juuri vuoden 1954 sanastosta ytyy sana ”hyvinvointivaltio”. Kirjan mukaan uudissana koitti ”valtiota, jossa valtiovallan toimenpitein taataan siaalinen turva ja hyvinvointi kaikille kansalaisille”.

iko Suomi silloin todella hyvinvointivaltio? Ei ollut. Suomi i köyhä, sodasta toipuva maa, jonka voimavarat olivat hyvin häiset. Viisi vuotta kestänyt sota, Karjalan menetys, rtolaisten ja rintamamiesten asuttaminen, sotainvalidien ttaminen ja suurten sotakorvausten maksaminen olivat ıdottaneet elintason hyvin alhaiseksi.

imerkiksi koulutuksessa vallitsi hyvin suuri eriarvoisuus. ain pieni osa 11-vuotiaista pääsi oppikouluun, johon oli rittävä kansakoulun neljännen tai viidennen luokan jälkeen. ɔintielle lähteminen helpottui hieman, mutta vielä 1960-vun puolivälissä enemmistö ikäluokastamme jäi oppikoulun kopuolelle.

ıomalaiset eivät olleet vielä 50-luvun puolivälissä avuttaneet sitä elintasoa, jota Suomessa oli nautittu 30-luvun pulla. Valtavin ponnistus oli siirtolaisten ja rintamamiesten asuttaminen ja uuden pellon raivaaminen, johon käytettiin vuosittain peräti kymmenen prosenttia valtion budjetista. Sil vuonna 1954 ei ollut saavutettu vielä suurta tavoitetta, jonka mukaan peltoa piti olla yhtä paljon kuin viimeisenä rauhanvuonna ennen toista maailmansotaa.

Se oli katovuosi, jolloin aurinko pimeni

ıomalaisten elämä oli hyvin riippuvaista hyvistä ja huonoista .istä. Kesä 1954 oli poikkeuksellisen huono. Lähes koko ɜsän satoi kaatamalla ja varsinkin Pohjanmaalla tulvat ıkasivat tuhota koko sadon. Leipäviljan ja rehuviljan laatu jäi ʏvin heikoksi, ja seuraavana talvena eläimiä jouduttiin .okapulan takia teurastamaan.

hdenkin lehmän tai vasikan menetys oli kova takaisku, sillä .at olivat hyvin pieniä. Peräti kolme neljäsosaa tiloista oli alle ʏmmenen peltohehtaarin tiloja. Vauraita, yli sadan pelto-ɜhtaarin tiloja oli koko maassa vain 200.

amppailu luonnonoloja vastaan oli hankala myös sen vuoksi, tä valtaosa maatalous- ja metsätöistä tehtiin hevosvoimin. uon ajan "voimasuhteista" antaa hyvän kuvan hevosten ja aktorien määrän vertailu. Hevosia oli 300 000 ja traktoreita ıin 40 000. Traktorin hankinta oli suuri investointi. Vain ıikkein suurimpiin taloihin pystyttiin hankkimaan samaan kaan traktori ja auto. Jos piti valita auton ja traktorin välillä, seimmin hankittiin traktori, jota pystyi käyttämään myös ılkuvälineenä.

ıästä puhuttiin toki kaupungeissakin. Kesän puheenaihe oli ıringonpimennys. 90 prosenttia auringosta oli peittynyt kuun ırjoon. Pimennys pysäytti koko maan 30. kesäkuuta 1954. atarina Haavio, 13-vuotias helsinkiläinen tyttönorssi, oli .mennyksen aikana kesämökillä Sammatissa ja kirjoitti .nnelmansa päiväkirjaan heti tuoreeltaan. "Tuntui ımmalliselta, kun linnut yhtäkkiä rupesivat laulamaan iltalaulujaan ja huopakeltani ja tukkiruusu sulkivat kukkansa. Pimeys tuli tavattoman nopeasti. Puiden varjot olivat mustia. Lastenhuone oli pimeämpi kuin yöllä. Emme tule ikinä näkemään auringonpimennystä, koska seuraava tulee vasta joskus vuonna 2100.”

Suomi eli metsässä ja metsästä

ıomalaisten onneksi vuonna 1954 teollisuudessa meni ›htuullisen hyvin. Tuotanto kasvoi ja vienti veti. Todenköisesti vuosi kului nousu- ja laskusuhdanteen välitaastossa. Pari vuotta aikaisemmin Suomen vienti oli ollut ittäin hyvässä vedossa, ja Korean sodan aiheuttama syntäpiikki oli tuonut maahan vientituloja.

ıonti ulkomailta oli hyvin säännösteltyä. Valtiovalta piti ıolen siitä, ettei ulkomailta tuotu mitään muuta kuin peellisia tavaroita. Se näkyi myös tilastoissa: yli 90 osenttia tuonnista oli tuotantotavaraa ja vain kymmenesosa ılutustavaroita.

illaisia tarvikkeita suomalaiset pystyivät myymään ulkoaille? Professori Markku Kuisma on kuvannut vientiä näin: ›uomen yhteyttä länteen kannatteli sahatavarasta, sellualeista ja paperirullista jälleenrakennettu lankkusilta, joka i paalutettu lujasti talouden maaperään. Kaksi kolmasosaa, rhaimmillaan jopa neljä viidesosaa Suomen kokonaisennistä kulki 1950-luvulla puista merisiltaa pitkin länsiarkkinoille, ja juuri tästä syntyneet tavara- ja rahavirrat örittivät suomalaista taloutta ja ruokkivat Suomen teollista aamista ja suorituskykyä."

ıurin läntinen ostajamaa oli Britannia. Suurin kauppaımppani oli kuitenkin Neuvostoliitto, jonne Suomesta vietiin etalliteollisuuden tuotteita ja tuotiin raaka-aineita, varsinkin ıyä. Suomi oli saanut pään auki neuvostomarkkinoille heti dan jälkeen, kun rauhansopimuksen mukaan Suomen oli toimitettava koneita ja laitteita Neuvostoliitolle. Sotakorvausten päättymisen jälkeen Neuvostoliiton diktaattori Josef Stalin oli ehdottanut tiivistä yhteistyötä metalliteollisuuden rakentamisessa. Suomalaiset olivat hienovaraisesti torjuneet Stalinin aikeet, mutta yhteistyötä oli silti syntynyt.

Markku Kuisma kirjoittaa öljy-yhtiö Nesteen historiassa, että itään päin Suomen teollisuuden januskasvojen ”toinen puoli hymyili ystävällisesti, kun toinen puoli pohti ankarasti puolustuskeinoja”. Toinen puoli teollisuudesta toimitti innokkaasti laivoja itään, toinen puoli sitoutui sitäkin voimallisemmin läntisiin verkostoihin viemällä puuta ja paperia.

Yhteistyö Neuvostoliiton kanssa lisäsi valtiojohtoisuutta teollisuudessa, sillä Suomen oli sopeutettava oma markkinataloutensa Neuvostoliiton keskusjohtoiseen järjestelmään ja suunnittelun. Neuvostoliitolle sopi tietysti hyvin, että Suomessa markkinatalous alistettiin poliittiselle päätöksenteolle. Tästä tuli huomaamatta vuosikymmeniä kestänyt ”normaali” olotila, vaikka ne oli tarkoitettu poikkeusjärjestelyiksi.

Pieni maa suurten pelilaudalla

ıonna 1954 pieni Suomi kuitenkin joutui suurvaltojen ıypelin kohteeksi. Ennen toista maailmansotaa Suomi oli tanut kaiken öljynsä läntisiltä öljy-yhtiöiltä, ja ostaminen :kui sodan jälkeen. Vielä 1948 Esso, Shell ja Gulf olivat ımittaneet lähes 90 prosenttia Suomen tarvitsemasta öljystä.

ɒtakorvausten päättymisen jälkeen 1951 tilanne muuttui amaattisesti. Suomi ryhtyi tuomaan öljyä idästä, ja itäöljyn uus nousi nopeasti. Vuonna 1954 idästä tuli peräti 95 osenttia Suomen kuluttamasta öljystä. Se oli huippuvuosi, ja uraavina vuosina luvut tasoittuivat.

ın Neuvostoliitto tarjosi Suomelle vielä yhteisen öljy-ostamon rakentamista, lännessä huolestuttiin toden teolla. ıntiset öljy-yhtiöt ryhtyivät painostamaan omia hallituksiaan, tka puolestaan varoittelivat Suomea idän vaaroista. Jos ıomi jättäytyisi kokonaan neuvostoöljyn varaan, Neuvosto-tto voisi painostaa Suomea sopivasti sulkemalla ja aamalla öljyhanaa, viestitettiin länsimaista.

tkän väännön jälkeen päädyttiin kompromissiin. Joulukuussa 54 päätettiin, että valtion omistama Neste rakentaa ostamon. Neuvostoliitto sai toimittaa sinne öljyn, mutta sen ostamisen teknologia hankittiin lännestä. Hankkeen ajoivat oi pääministeri Urho Kekkonen ja Nesteen toimitusjohtaja ılevi Raade. Päätöksellä oli kauaskantoinen vaikutus. esteen öljymonopoli pysyi pystyssä 1990-luvulle asti ja ıtiöllä oli suuri merkitys idänkaupassa. Sen ansiosta esteestä kasvoi suuryhtiö.

Vuonna 1954 muita suuria yhtiöitä olivat metsäyhtiö Enso, sähköyhtiö Imatran Voima, kaivosyhtiö Outokumpu, metsäyhtiö Veitsiluoto, Alko, Yleisradio, Pohjolan Liikenne, Aero, Typpi, Valmet ja Ajokki.

Nokia oli kumisaapasmerkki

(yös Nokia oli olemassa, mutta sen tuotevalikoima oli varsin isenlainen kuin nykyään. Tavalliset ihmiset tunsivat yhtiön okian kumisaappaista.

(yöhempiä aikoja ajatellen oli kuitenkin tärkeää, että ıomessakin keskusteltiin tietokoneista. Valtion natematiikkakonekomitea" jätti 1954 mietintönsä. Tarkoitus i rakentaa "Eskotieto" -matematiikkakone, mutta hanke kkääntyi ilmeisesti rahapulan takia vuosikymmenen ppupuolelle. Matematiikkakone oli nykyisten tietokoneiden iaste. Siitä oli saatu Yhdysvalloista tietoja, ja Mitä Missä (illoin -kirjassa julkaistiin kuva, jossa oli "matematiikka-oneen periaatekaavio". Se ei ole kaukana nykyisten etokoneiden periaatteista.

ietokoneista puhuttiin tietojen käsittelijöinä, jotka pystyisivät skemaan huimaa vauhtia monimutkaisia laskutoimituksia. alitut Palat uutisoi maaliskuussa tekeillä olleesta IBM:n ektroniikkalaskimesta: "Jos oletetaan, että kone voi kertoa llaisia (nelinumeroisia) lukuja 2000 kertaa sekunnissa, sen jaan että minä teen sen kerran 50 sekunnissa, on selvää, että 3M 701 on tasan satatuhatta kertaa parempi laskija kuin inä."

odeissa ja työpaikoilla käytettiin laskemiseen pääasiassa ynää ja paperia. Opettajat ja tiedemiehet laskivat vaikeimmat skunsa laskutikuilla.

Rajat muihin Pohjoismaihin avautuivat

Heinäkuussa 1954 avautuivat rajat työvoiman liikkumiselle Suomen, Ruotsin, Norjan ja Tanskan kesken. Pohjoismaiden kansalaisilta ei vaadittu enää työ- ja oleskelulupaa. Silti vain kaksi tuhatta suomalaista lähti vuoden aikana siirtolaisiksi, joista kaksi kolmasosaa meni Ruotsiin.

Muuttajat olivat pioneereja. Varsinainen muuttoaalto Ruotsiin alkoi vasta muutaman vuoden päästä, jolloin työvoimapulasta kärsivä Ruotsi ryhtyi värväämään työvoimaa työttömyyden rasittamasta itänaapurista.

1950-luvun puolivälissä Suomessa ei vielä ollut suurtyöttömyyttä. Jälleenrakentaminen imi lähes kaiken työvoiman. Tilastojen mukaan meillä esiintyi vain kausityöttömyyttä, jota valtio lievitti järjestämällä talvella 40 000 työttömälle hätäaputöitä. Kesällä 1954 työttömyyttä ei ollut lainkaan.

Mutta palkat olivat pienet. Tavallisen teollisuustyöntekijän palkasta meni yksi kolmasosa pelkkään ruokaan. Ruuan hinnan kalleus olikin tavanomainen puheenaihe, joka kiristi kaupunkien ja maaseudun väestön välejä. Tämä vastakohtaisuus olikin 1950-luvun politiikan tärkein käyttövoima.

Yksi presidentti mutta kolme hallitusta

ısavallan presidentti Juho Kusti Paasikivi täytti vuoden 1953 pulla 83 vuotta. Paasikivi oli ollut valtiollisessa elämässä ıes viisikymmentä vuotta, vanha, sairas ja hyvin kärttyinen ies. Koko kansakunta oli pelästynyt, kun Paasikivi oli saanut dänkohtauksen ja joutunut hellittämään kovaa työtahtiaan.

storiantutkijoiden onneksi vanha presidentti piti tarkkaa iväkirjaa. Presidenttivuosien päiväkirjat suljettiin Paasikiven oleman jälkeen 1950-luvun lopulla pankkiholviin, josta ne ivettiin esiin vasta kolmekymmentä vuotta myöhemmin ja kaistiin kahtena paksuna niteenä 1985 ja 1986.

lkästään vuonna 1954 Paasikivi merkitsi muistiin lähes itsemänkymmentä sivua muistelmia. Pääasiassa muistelmat sittelevät tuon ajan sisä- ja ulkopolitiikkaa, mutta mukana paljon muitakin havaintoja.

omen sisäpolitiikka oli hyvin rikkinäistä. Vuoden 1954 kana maassa ennätti olla peräti kolme hallitusta. Edellisenä onna koottu Sakari Tuomiojan virkamieshallitus erosi 5. ukokuuta ja sen tilalle nimitettiin Ruotsalaisen kansan-puolueen Ralf Törngrenin johtama hallitus, jossa pääpuolueina ivat sosiaalidemokraatit ja maalaisliitto. Sekin kaatui puolen oden päästä sisäisiin riitoihinsa, ja 20.lokakuuta sitä seurasi maalaisliiton Urho Kekkosen hallitus, jossa olivat mukana myös sosiaalidemokraatit. Se oli Kekkosen viides hallitus ja jäi hänen viimeiseksi hallituksekseen ennen presidentiksi valintaa vuoden 1956 alussa.

Vuoden 1954 merkittävin sisäpoliittinen tapahtuma oli eduskuntavaalien järjestäminen maaliskuussa. Suomalaisten aktiivisuus oli siihen aikaan aivan eri luokkaa kuin nykyisin. Vaalien äänestysprosentti oli 79,2 eli kymmenisen prosenttiyksikköä korkeampi kuin nykyään. Vastaavasti äänestäminen oli paljon vaikeampaa. Postiäänestämistä ei tunnettu, vaan äänet annettiin kaksipäiväisissä vaaleissa sunnuntaina ja maanantaina. Talviaikaan liikenneolosuhteet olivat erittäin heikot, ja maaseudulla äänestäjien piti tulla pitkien matkojen päästä vaalipaikoille. Vaalit olivat monella tapaa erikoiset. Ensi kertaa oli käytössä uusi vaalipiirijako ja äänestettiin vain yhtä henkilöä, ei ns. pitkiä listoja, joilla ehdokkaat olivat olleet aikaisemmin puolueiden määrittelemässä järjestyksessä. Vaalikausi piteni kolmesta neljään vuoteen.

Uudistukset merkitsivät poliittisen kamppailun kovenemista puolueiden kesken ja myös niiden sisällä. Se näkyi muun muassa lehtien vaalimainoksissa. Puolueet ja ehdokkaat joutuivat paisuttamaan vaalikampanjoitaan ja tarvitsivat lisää rahaa. Puoluetukea ei ollut, joten myös ulkomainen raha kelpasi. Suomi oli kylmän sodan kamppailuareena, jossa operoivat Yhdysvaltain CIA ja Neuvostoliiton KGB rahoineen. SDP ja kokoomus saivat rahaa länsimaista, esimerkiksi Ruotsista ja Yhdysvalloista, ja kommunistinen puolue Neuvostoliitosta.

”Kekkosen kuningastie katkaistava”

ıoden 1954 eduskuntavaalien suurin ja kauaskantoisin erkitys oli siinä, että Urho Kekkonen ja maalaisliitto ittivat vaalit. Vaalivoitto loi perustan Kekkosen seuraavalle nkkeelle, nousulle tasavallan presidentiksi 1956.

ekkonen oli Paasikiven läheinen työtoveri ja todennäköisesti si, ettei Paasikivi enää pystyisi jatkamaan presidentin ıtävissä. Hänen oli onnistuttava vaaleissa. Niinpä Kekkonen vi kaikkien aikojen vaalikampanjan: hän puhui sadoissa alitilaisuuksissa. Hän matkusti pitkin Suomea ja yöpyi rteissä. Siihen aikaan oli mahdollista olla ehdokkaana onissa vaalipiireissä. Kekkonen sai Oulun vaalipiirissä 000 ääntä ja Lapissakin 7000 ääntä.

yös Kekkosen vastustajat olivat liikkeellä. Päävastustaja, siaalidemokraattien puoluesihteeri Väinö Leskinen nosti nnukseksi: ”Kekkosen kuningastie on katkaistava ja hänet lähetettävä Kampinkadulle.” Kekkonen asui ampinkadulla, nykyisellä Urho Kekkosen kadulla.

ekkosen välit varsinkin nuoren polven sosiaalidemokraattein, joihin Leskinenkin kuului, olivat hyvin heikot. Kekkonen noussut valtaan sodan jälkeen, ja nuoret demarit epäilivät ekkosta yhteispelistä Neuvostoliiton kanssa. Samaa epäiltiin yös kokoomuksessa, joten Sdp ja kokoomus löysivät ekkosen vastustuksessa yhdistävän tekijän. Tämä näkyi ıoden 1953 lopulla, jolloin Sdp ja kokoomus juonittelivat ırin Kekkosen neljännen hallituksen ja korvasivat sen ıomiojan hallituksella. Sitä tukivat Sdp ja kokoomus.

Leskinen oli peittelemättömän vahingoniloinen Kekkosen vastoinkäymisestä. ”Kiharatukkainen kusi sukkaansa. Perusteellisesti”, hän kirjoitti ystävälleen. Nuoret demarit kutsuivat kaljupäistä Kekkosta ”kiharatukkaiseksi” keskinäisissä puheissaan. Kaikki olivat kuitenkin pikkuisen pelossaan. Kekkonen oli vaarallinen vastustaja, joka ei kaihtanut mitään keinoja, jos sille päälle sattui.

Vaaleissa maalaisliitto lisäsi edustajamääräänsä kahdella (53-51), SDP yhdellä (54-53), SKDL pysyi ennallaan (43 paikkaa). Oikealla laidalla menetyksiä kärsivät kokoomus (2-28) ja RKP (13-15). Uusi ryhmä Suomen Kansanpuolue voit kolme paikkaa (13-10).

Suurin muutos nykypäivään on tapahtunut äärivasemmiston kohdalla. SKDL oli silloin suuri puolue. Se pahastutti Paasikiven mieltä. Hän kirjoitti heti vaalien jälkeen päiväkirjaansa: ”Ei ole hyvä todistus meidän kansamme valtiollisesta älystä ja kyvystä, että he kaiken sen jälkeen, mi venäläiset ovat meille tehneet (hyökkäsivät päällemme 1939, riistivät Karjalan ja Hangon, toisen sodan jälkeen vielä enemmän sotakorvauksia, estivät meidät Marshall-avusta ym.), että kaiken tämän jälkeen 400 000 suomalaista äänestävät kommunisteja.”

Kekkosen aika alkoi

aalien kuumentamissa tunteissa hallituksen muodostaminen ollut helppoa. Se kesti kaksi kuukautta, ja kompromissiksi alittu RKP:n Ralf Törngren joutui tilapäiseksi pääministeriksi en vuoksi, että Maalaisliitto ja SDP eivät päässeet sopuun, ımpi niistä saisi pääministerin paikan.

ıasikivi piti tiivistä yhteyttä Kekkoseen ja Karl-August ıgerholmiin, sosiaalidemokraattien vahvaan mieheen. ıasikiven mielestä SDP:n ja Maalaisliiton menestys oli ıikista tärkeintä, koska molemmat pystyivät tehokkaimmin istelemaan kommunisteja vastaan. Paasikivi suhtautui ospäin tasapuolisesti kaikkiin puolueisiin, mutta päivä- rjoista käy ilmi, että hän keskitti viimeiset voimansa ommunismin vastaiseen kamppailuun.

ıasikivi yritti myös tyynnytellä SDP:n ja Maalaisliiton eskinäistä ottelua. Molemmat osapuolet kävivät presidentin- ınassa kantelemassa toinen toisistaan. Kekkosta haukuttiin ıteispelistä Neuvostoliiton kanssa ja huonoista elintavoista. ekkosen suu ei ollutkaan tuohesta. Raskaan politiikan ıstapainoksi hän rentoutui kuningas alkoholin seurassa ja oliittisissa piireissä tunnettua oli myös hänen kkaussuhteensa toimittaja Anne Mari Snellmaniin.

ikä hän ollut ainoa huonotapainen. 50-luvun politiikkaa tkinut Lasse Lehtinen on tiivistänyt oivallisesti ajan oliittisen keskustelun ja tavat: ”Henkilökohtaisuuksia ei ıihdettu. Toisaalta tuon ajan poliitikot antoivat niihin myös hetta. Ministeritason miehet joivat kaksin käsin viinaa, tappelivat kapakoissa, kävivät vieraissa ja ajoivat autoa juovuksissa.”

Pahoista puheista huolimatta Paasikivi arvosti Kekkosta. ”Kekkonen on meidän eturivin poliitikkojamme, häntä ei voi sivuuttaa. Hän isänmaallinen mies ja luotan häneen”, Paasiki kirjoitti 12. huhtikuuta päiväkirjaansa.

Joka tapauksessa Kekkonen onnistui pääsemään lokakuussa 1954 takaisin pääministeriksi, ja vielä saman vuoden lopulla Maalaisliitto teki historiallisen päätöksen ja asetti Kekkosen presidenttiehdokkaakseen vuoden 1956 vaaleissa. Ehdokaspäätös tuli yllätyksenä muille puolueille, eivätkä ne ennättäneet enää saman vuoden puolella nimetä omia ehdokkaitaan. Näin Kekkonen voitti presidenttipelin ensimmäisen erän - kuten kaikki muutkin erät syksyyn 1981 asti, jolloin hän kesken viidennen kautensa joutui sairauden takia luopumaan presidentin tehtävistä. Vuonna 1954 syntyneet olivat silloin jo aikuisia ihmisiä, 27-vuotiaita, mutt eivät muistaneet muuta kuin Kekkosen aikaa.

Suurvaltain kalistelua

›isen maailmansodan päättyessä Suomi oli säilyttänyt enäisyytensä ja entisen yhteiskuntajärjestyksensä, välttänyt .ehityksen, mutta sodan voittajat - ennen muita Neuvosto-tto - olivat tuntuvasti kaventaneet Suomen itsenäistä ätöksentekovaltaa.

ıosi 1954 oli kansainvälisissä suhteissa epävarmuuden <aa. Neuvostoliiton diktaattorin Josef Stalinin kuolema ıaliskuussa 1953 oli käynnistänyt Moskovassa sisäisen ltataistelun. Se jatkui monta vuotta. Uudet johtajat eivät leet vanhan diktaattorin veroisia.

ihän ennen kuolemaansa Stalin oli ennustanut, että hänen ɜntyään ”imperialistit kuristaisivat neuvostojohtajat kuin ssanpennut”. Stalinin ennustus ei toteutunut. Neuvostokansa koi kommunistivaltaan - ainakin ulospäin. Vuosi Stalinin .oleman jälkeen 14. maaliskuuta 1954 Neuvostoliitossa dettiin korkeimman neuvoston vaalit: Niiden äänestys-osentti oli noin 99 ja kommunistinen puolue sai äänistä 99 osenttia.

ɜuvostoliiton sisäisessä kurissa tapahtui muutamia :vennyksiä. Esimerkiksi valokuvaus oli vapaampaa kuin <aisemmin. Kuvia sai ottaa katuelämästä, mutta tehtaiden, ıatilojen ja virallisten rakennusten valokuvaamiseen ·vittiin edelleen erikoislupa.

yös Yhdysvalloissa mielialat olivat kiihkeitä, sillä senaattori seph McCarthyn johdolla jahdattiin kommunisteja.

McCarthy kielsi Indianan osavaltiossa jopa Punahilkka-sadun esittämisen Yhdysvaltain turvallisuutta vaarantavana.

Suurvallat eivät tyytyneet vain sanallisiin yhteenottoihin, voimaa näytettiin mutta ei onneksi käytetty myös asein. Neuvostoliitto räjäytti Semipalatinskissa vetypommin ja Yhdysvallat räjäytti oman pomminsa Tyynellä merellä.

Tykinkantama Senaatintorille

anha Paasikivi suhtautui maailman tilanteeseen hyvin ssimistisesti. "Minä sanoin, että Venäjän järjestys kyllä uuttuu, mutta se ottaa 100-150 vuotta. Neuvostoliitto ei ovu mistään", hän kirjoitti 10. toukokuuta päiväkirjaansa.

euvostoliitto piti Suomea omaan valtapiiriinsä kuuluvana aana. Kouriintuntuvin todiste Neuvostoliiton vallasta oli rkkalan sotilastukikohta Helsingin kupeessa. Porkkala oli kinkantaman päässä Senaatintorista ja neuvostosotilailla oli ytössään riittävä määrä tykkejä ja ammuksia, joilla olisi inut moukaroida muutamassa hetkessä Tuomiokirkon, esidentinlinnan, Valtioneuvoston linnan ja Helsingin iopiston päärakennuksen, jos käsky Moskovasta olisi tullut.

rkkalan sotilastukikohta kattoi tuhat neliökilometriä: urimman osan Kirkkonummesta, osia Siuntiosta, Inkoosta ja poosta. Tukikohta sijaitsi Suomenlahden kapeimmassa hdassa ja sieltä oli mahdollisuus sulkea vihollislaivoilta lku yhdessä Tallinnan kanssa Leningradiin. Vuonna 1954 ei lut vielä puhettakaan Porkkalan palauttamista takaisin omalaisille. "Vuokrasopimus" oli solmittu sodan jälkeen ideksikymmeneksi vuodeksi aina vuoteen 1994 asti.

ndysvallat ei ollut missään vaiheessa tunnustanut Suomen uluvan Neuvostoliiton valtapiiriin, ja juuri vuonna 1954 se htyi laajoihin operaatioihin parantaakseen asemiaan iomessa. Washingtonissa arvioitiin, että Yhdysvallat on lmis tukemaan Suomen pyrkimystä pysytellä olueettomana. Kiinnostus Suomeen lisääntyi, mutta amerikkalaiset analyytikot eivät pystyneet ratkaisemaan kumpaan suuntaan - itään vain länteen - Suomi oli kallistumassa. Houkutellakseen Suomea omiin joukkoihinsa Yhdysvallat kumosi kaupparajoituksia, amerikkalaisjohtoiset kansainväliset yhtiöt suunnittelivat Suomeen sijoittumista ja kansainvälinen jälleenrakennuspankki myönsi ensimmäisiä luottoja. ”Meille tarjotaan nyt sekä oikealta että vasemmalta avustusta. Onpa se hauskaa”, Paasikivi kirjoitti päiväkirjaans huhtikuun lopulla.

Tahdikas tapa sanoa ”ei”

ıhdysvaltojen aktivoituminen ei jäänyt itänaapurilta ıomaamatta. Liekanarua kiristettiin ja välillä annettiin ysää. Kesällä 1954 Suomi ja Neuvostoliitto pääsivät ıteisymmärrykseen uudesta kauppasopimuksesta, jolla ıättiin taloudellista yhteistyötä.

euvostoliitto pyrki valvomaan Suomen yhteyksiä nsimaihin. Sen vuoksi suurvaltanaapuri torjui Suomen iveet liittyä YK:n ja myös Pohjoismaiden Neuvoston seneksi. Izvestija-lehti totesi tylysti, että ”Suomen vetäminen ɔhjoismaiden Neuvostoon ei ole sopusoinnussa rauhan ilyttämisen kanssa Euroopan pohjoisosissa.” ehden mukaan jäsenyys aiheuttaisi vahinkoa Suomen ja euvostoliiton suhteille, sillä jäsenyyden taustalla olivat ıaksalaiset revanssistit ja militaristit”.

yksyllä 1954 Neuvostoliitto pyysi Suomea osallistumaan uroopan turvallisuuskokoukseen, jossa pohdittaisiin muun uassa jaetun Saksan asemaa ja mahdollista yhdistämistä. arjouksen takana vaikutti se, että Neuvostoliitto yritti kaikin einoin jarruttaa ja torjua Länsi-Saksan liittymistä Naton seneksi.

änsimaat kieltäytyivät osallistumasta Neuvostoliiton ıtsumaan kokoukseen. Jotta Suomi säilyttäisi kasvonsa olempiin suuntiin, oli pakko keksiä väistöliike. Suomi ıoitti vastauksessaan olevansa valmis tulemaan mukaan, jos ıikki kutsutut tulevat. Max Jakobson arvioi, että tästä tavasta li tahdikas tapa sanoa naapurille ”ei” ja sitä käytettiin vuosikymmenien ajan Neuvostoliiton hajoamiseen asti. Vuoden lopulla idänsuhteissa oli muutama kuukausi rauhallisempaa aikaa. Ystävyyden osoituksena Neuvostoliiton johto myönsi presidentti Paasikivelle Leninin kunniamerkin. Julkisesti vanha presidentti iloitsi siitä, mutta kirjoitti päiväkirjaansa: en voi kieltäytyä.

Kansa ei enää elänyt kortilla

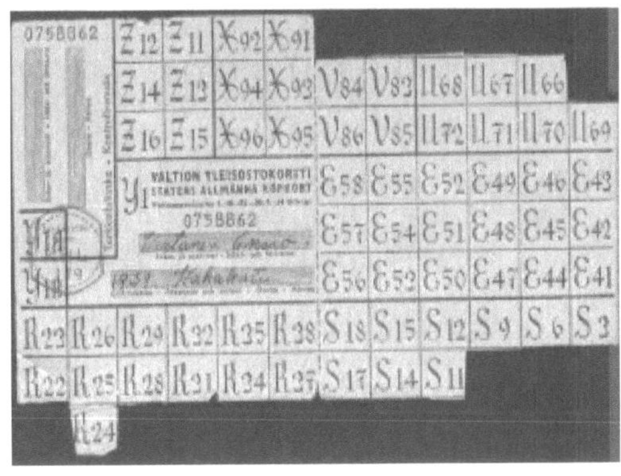

aaliskuussa 1954 päättyi lähes viisitoista vuotta kestänyt tokorttikausi, kun kahvin jakelu vapautui säännöstelystä. uoden alussa annettiin viimeiset tuomiot kahvia salaljettaneille. Korttikausi oli alkanut talvisodan alla lokaussa 1939 ja sodan jälkeisinä vuosina erilaisia ostokortteja i Suomessa pahimmillaan käytössä puolisensataa.

ätöksen merkityksen ymmärtää, kun vertailee kahvin ja teen ontilukuja. Vuonna 1954 jokainen suomalainen kulutti hvia 6,6 kilogrammaa ja teetä vain 100 grammaa! ıomalaisten kahvijuonti-innostus on pysynyt: nykyisin kainen suomalainen juo yli 11 kilogrammaa kahvia.

odan jälkeen rehottanut mustan pörssin kauppa oli jo ppunut, mutta kauppojen hyllyjen tavaravalikoima oli hyvin ppea. Kotimaisia tuotteita oli pakko suosia, sillä ulkomaisia otteita ei ollut. Varsinkin maaseudulla elettiin omavaraisloudessa, eikä kaupungeissakaan ollut tavatonta, jos ukkaat pitivät pihanperällä kotieläimiä tai kasvattivat runaa ja vihanneksia. Siihen aikaan se ei ollut pelkkä rrastus vaan välttämätöntä ruokahuoltoa.

Ruoka ja muut päivittäistavarat ostettiin pienistä kaupoista. Jokaisessa kylässä ja kaupunkikorttelissa oli oma kauppansa, ja vähänkin isommassa paikassa oli tarjolla peräti kolme kauppaa: OTK:n osuuskauppa, SOK:n osuuskauppa ja yksityisen kauppiaan pitämä kauppa. Kaupat olivat sekatavarakauppoja, sillä tarjolla oli oltava mahdollisimman monenlaista tavaraa.

Ankeuden keskellä suomalaiset etsivät lohtua makeasta: jokainen kansalainen söi sokeria 35 kilogrammaa. Perunoita popsittiin peräti 114 kiloa vuodessa, ja ruista käytettiin vielä selvästi enemmän kuin vehnää ja ohraa. Vihannesten kulutus oli hyvin vähäistä.

”Jokainen kansa pitää sotureitansa muita urhollisempina ja naisiansa muita kauniimpina. Jokainen kansa haluaa syödä ja juoda muita paremmin. Kun viikinkien jälkeläiset Skandinaviassa näyttävät unohtavan - tanskalaisesta voileipäpöydästä huolimatta - esi-isiensä mahtavat ruokatavat ja supistavat kalorioiden kulutustaan liikalihavuuden ehkäisemiseksi, suomalaiset luottavat edelleen voimakkaisiin ja rasvaisiin ruokiin”, arvioitiin suomalaisten terveydentilaa pohjoismaisessa vertailussa.

Suomalaiset söivät ruokansa etupäässä kotona tai eväsleipinä työmailla ja pelloilla. Ravintoloissa kävivät vain harvat ja valitut. Jos ravintolaan mentiinkin, kaihdettiin uutta ja kummallista. Valinnanvaraa oli hyvin vähän, sillä ravintoloiden okalistat olivat hyvin samanlaisia. Lounasruokina olivat uun muassa merimiespihvi, ruotsalainen pannu, silakka-atikko, hernekeitto ja ohukaiset, pyttipannu ja porsaan-ljykset. Yleinen lounasruoka oli myös paistettu berliinin-akkara, jonka keskelle kuumuuden vuoksi muodostunut pera kuppi koristeltiin munakokkelilla. Ihmiset olivat ttuneet vakiomakuihin, joten mielellään ravintolassakin attiin lihapullia, sipulipihvi tai wieninleike.

Coca colaa säännösteltiin

Myös juomien valikoima oli pieni. Ravintoloissa ja kahviloissa juotiin pääasiassa kahvia, teetä ja kotimaisia limsoja.

Vuoden 1952 olympialaisiin oli tuotu 30 000 korillista uutta ihmeellistä coca cola-juomaa. Olympiakisojen myynnillä Sotainvalidien Veljesliitto sai kahdeksan miljoonaa markkaa, jolla se osti Helsingin Kasarmikadulta kivitalon.

Veljesliitto yritti seuraavat pari vuotta löytää coca colan tuontimahdollisuuksia. Se ei onnistunut, vaikka kysyntää olis ollut. Talvikaudella 1954-1955 Suomeen tuotiin vain viisikymmentä korillista tätä suosittua juomaa.

Taustalla vaikutti silkka kateus. Suomalainen panimoteollisu yritti kaikin keinoin torjua kilpailijan maihinnousun. Vastust päättyi, kun pari vuotta myöhemmin päästiin Hartwallin kanssa sopimukseen coca colan valmistamisesta, jakelusta ja myynnistä Suomessa.

Viinaa sai vain kortilla

aikka muiden tuotteiden säännöstely loppuikin, alkoholin yynti ja tarjoilu pysyi hyvin säännösteltynä. Alkon yymälöitä oli harvassa, ja Alkossa vaadittiin viinakortti ja ıtokset oli rajoitettu. Jokainen pullo kulki myyjän käsien ıutta. Valintamyymälöistä kukaan ei edes unelmoinut.

lko oli tuonut edellisenä vuonna markkinoille uutuustuotteen oskenkorva-viinan, jonka makuun suomalaiset jostain syystä ielistyivät. Suomalaiset suosivat muutenkin väkeviä. ıomatapoja yritettiin ohjata, ja vuonna 1954 Alko alensi ietojen viinien hintoja, mutta se lisäsi niiden kulutusta ɔvästi.

avintoloissa anniskelu alkoi vasta kello 12. Väkevää viinaa rjoiltiin vain aterian yhteydessä, ja myös sen sopiva määrä i määritelty kymmeneksi senttilitraksi. Annoksella oli mikin: ”lain sallimat”.

lkoholipolitiikka-lehden arvion mukaan huomattava osa ıomalaisista oli maaseudulta muuttaneita ensimmäisen ɔlven kaupunkilaisia, jotka olivat siirtäneet maaseudun omatavat kaupunkeihin. Maaseudulla alkoholia ei saatu, ten sitä juotiin harvoin mutta runsaasti. Kaupungeissa koholia oli tarjolla, joten maalaisperinne oli muovautunut ka viikonloppu tapahtuvaksi runsaaksi juopotteluksi. ɔhden arvio koski vain miehiä, sillä naisten juominen oli elä hyvin vähäistä. Suuri osa naisista ei edes maistanut koholia.

Äitien ahkerat kädet

Sodan jälkeen oli huutava pula kankaista ja muusta vaatemateriaalista. Vaatteita uudistettiin kääntämällä ja kursimalla vanhoja vaatteita. Paikka paikan päällä -sanonta ei ollut mikään vitsi, vaan ihmiset pitivät varsinkin kotioloissa moneen kertaan paikattuja vaatteita.

Ompelukone oli jokaisen nuoren parin ensimmäinen ja tärkei kodinkonehankinta. Kotikoneet olivat poljettavia, hyvin suosittu merkki oli saksalainen Singer. Perheiden pukeminen oli äitien ahkerien käsien varassa. Ompeleminen, neulominen paikkaaminen ja peseminen oli jatkuvaa puuhaa.

”Ainakin jonkinlainen käsityötaito oli naisille itsestäänselvyy vaikka kaikki eivät olleet yhtä taitavia tai innostuneita. Kun käsitöitä tehtiin kotona, lapset kasvoivat tilkkuvakkojen ja lankakerien ääressä. Käsityötaito ja taloudellinen ajattelu siirtyivät luontevasti seuraavalle polvelle. Käsitöiden teko oli myös yhdessäoloa, jossa hyöty ja huvi yhdistyivät”, kuvailee Ritva Koskennurmi- Sivonen 50-luvun puolivälin kotielämää Eilispäivän Suomi-kirjassa.

Miehille ryhdyttiin 1950-luvun alussa tekemään entistä enemmän valmisvaatteita. Niiden oli oltava monikäyttöisiä ja kestäviä, sillä uusia vaatteita ei ostettu joka vuosi.
Kuusisen muotiliike mainosti ”Autoilijan takkia”, jossa vuori oli ”tikattua villavatiinia”, huppu kauluksenmuotoinen, edess vetoketju. Mainos vakuutti, että takki kestää läpi tuulten ja myrskyjen. Toinen suosikkituote oli Askar-kotitakki. Se oli ”miesten töihin ja työtakiksi kelpaava”.

ıusisen muotiliike oli Helsingissä, Tampereella, Turussa,
ılussa ja Kuopiossa. Sen tuotteita tilattiin myös
stimyynnistä.

Hevosia oli 300 000, henkilö- ja kuorma-autoja 120 000

Myös autojen osto oli hyvin säännösteltyä. Niiden ostamisee vaadittiin erillinen lupa "lisenssi". Niinpä suomalaiset liikkuivat useammin hevosella kuin autolla. Henkilöautoja ol vain 60 000. Elintasoero Ruotsiin näkyi siinä, että Ruotsissa autoja oli puoli miljoonaa. Nykyisin Suomessa on 2,5 miljoonaa autoa.

Vuonna 1954 valtiovalta halusi pitää autojen tuonnin kurissa ja esimerkiksi suositun "kansanauton" saksalaisen Volkswagenin osto oli hyvin hankalaa, sillä niiden tuonti oli kytketty maa- ja metsätaloustuotteiden myyntiin Länsi-Saksaan. Kuplaa haluava joutui vuosiksi jonotuslistalle. Volkswagen olikin Suomen jonotetuin auto siihen asti kun autokauppa vapautui säännöstelystä 1963. Sitä käyttivät varsinkin lääkärit, keinosiementäjät, metsäyhtiöiden miehet j maalaispoliisit, jotka tarvitsivat luotettavan, kestävän mutta suhteellisen halvan auton.

Säännöstely aiheutti mustan pörssin autokauppaa. Auton saaneet saattoivat myydä sen eteenpäin huomattavalla voitoll Monet joutuivatkin tyytymään itäautoihin. Joka viides auto o siellä valmistettu. Suosituimmat merkit olivat neuvostoliittolaiset Moskvits ja Popeda sekä tsekkiläinen Skoda.

Moottoripyörissä tsekkiläinen Jawa oli markkinajohtaja. Autot joutuivat koville, sillä tieolot olivat hyvin heikot. Kokc maassa oli vain muutama sata kilometriä asvalttitietä - "pikitietä" niin kuin sitä silloin nimitettiin.

uualla ajettiin sorateillä, jotka varsinkin kelirikkoaikoina tiet uuttuivat rapakoiksi. Keväällä ja syksyllä oli varsin tavannainen näky, kun autoa kiskottiin traktorilla tai hevosella irti ravelliksi muuttuneesta tiestä. Talvella suuri osa Suomea oli totien ulottumattomissa, sillä aura-autoja ei riittänyt kuin keimmille teille.

ntäminen oli todella harvinaista. ”Lentoliikenteemme hitys on vuonna 1954 ylittänyt kaikki odotukset ja kennetulokset osoittavat, että lentokoneesta on tullut koko nsan kulkuväline”, hehkuttiin vuoden lopussa. oli melkoista liioittelua. Kotimaassa lennettiin vähän, ja komaille lennettiin Tukholmaan, Kööpenhaminaan, usseldorfiin ja sieltä Lontooseen tai Pariisiin vain ääräpäivinä. Suuri uudistus oli se, että syyskuun 1954 alussa ero avasi lentoreitin suoraan Lontooseen.

lkomaille matkustelua säädeltiin vuoden alussa järeällä inolla. Yksityinen matkustaja sai vaihtaa vain määrätyn ja vin pienen määrän valuuttaa, joten ”turha” matkustaminen ulkomaisten tuotteiden ostaminen tehtiin mahdottomaksi.

Uutiset luettiin sanomalehdistä

Suomalaiset olivat lukijakansaa. Sen ansiosta vuonna 1954 Helsingin Sanomat nousi Pohjoismaiden suurimmaksi lehdeksi. Lehden levikki lähes neljännesmiljoonan ja sen asema Suomen suurimpana lehtenä oli vahvistunut sodan jälkeen, ja 1954 Helsingin Sanomat tilasi uuden, entistä paksumman lehden painamiseen kykenevän rotaatiokoneen. HS:n pahin kilpailija myöskin Helsingissä ilmestynyt Uusi Suomi oli jäänyt selvästi jälkeen. Sen levikki jäi alle sadantuhannen.

Läänien pääkaupungeissa ilmestyivät vahvat maakuntalehdet Ne olivat joko maalaisliiton tai kokoomuksen äänenkannatta lukuun ottamatta Turun Sanomia, lahtelaista Etelä-Suomen Sanomia ja oululaista Kalevaa, jotka olivat olleet HS:n tavoi edistyspuolueen äänenkannattajia, mutta olivat 1950-luvun alussa muuttuneet sitoutumattomiksi.

Suurten maakunnallisten lehtien rinnalla ilmestyi ns. kakkoslehtiä. Niistä useimmat olivat sosiaalidemokraattien ja kansandemokraattien kustantamia pieniä lehtiä, kuten demarien Sosialisti Turussa ja kansandemokraattien Kansan Tahto Oulussa. Sosialistiin kirjoitteli muun muassa 30-vuotia Mauno Koivisto, joka oli töissä ammatinvalinnanohjaajana ja kirjoitti öisin väitöskirjaansa entisestä työpaikastaan Turun satamasta.

Kaiken kaikkiaan sanomalehtiä ilmestyi huomattavasti enemmän kuin nykyisin. Sanomalehdissä ei julkaistu värikuvia ja mustavalkoiset kuvatkin olivat useimmiten pieni tuhruisia. Painokoneet olivat vanhoja ja kuluneita. ykyisiin verrattuna lehdet olivat ohuita, mutta vastaavasti tut olivat pitempiä.

ıhelinliikenne oli käsivälitteisten keskusten varassa. ısimmäisiä automaattipuheluja vasta kokeiltiin, joten ıukopuhelua piti odottaa tuntikausia. Vuonna 1954 Suomessa i 450 000 puhelinta. Maaseutukylässä tai kaupunkikorttelissa .attoi olla vain yksi puhelin.

Suomen Kuvalehdessä oli asiaa

Viikko- ja aikakauslehtien puolella oli neljä lehteä yli muiden: Apu, Seura, Valitut Palat ja Suomen Kuvalehti. Kaksi ensin mainittua oli viihteellisiä yleisaikalehtiä, Valitut Palat amerikkalaisen mallin mukaan tehty lukemisto ja Kuvalehti oli jo silloin vahvasti ”asialehti”.

Esimerkiksi 27. helmikuuta 1954 ilmestyneessä Suomen Kuvalehdessä oli 40 sivua. Se oli painettu ruskealle aikakauslehtipaperille. Kuvat olivat jo kohtuullisen hyvälaatuisia, ja pääkirjoituksessa käsiteltiin ikuisuuskysymystä: ihmiskunnan pyrkimystä rauhaan. Pääkirjoituksessa toivottiin saksalaisten ja ranskalaisten elävän sovussa ja pohdittiin, miten Euroopassa ”eri kansatkin voivat alistua samaan ylijohtoon” ja suositeltiin opin ottamista Sveitsin liittovaltiomallista ja Amerikan yhdysvalloista.

Euroopan unionissa pääkirjoittajan toivomus on nyt toteutunut.

Avussa ja Seurassa
seikkailuja ja missejä

ıomen tunnetuin toimittaja oli
ɔu-lehden Matti Jämsä, joka
npauksillaan puhutti koko
nsaa.

'avanomaisten reportaasien
nassa Matti Jämsä myy
ılujaan ovelta ovelle ja
ostaa tunnelmiaan vaimonsa
nnyttäessä heidän esikoistytärtään. Hän toimii myymälä-
sivänä ja palomiehenä, matkustaa jäniksenä laivalla Kööpen-
minaan, ajelee skootterilla vaimonsa kanssa ympäri
ırooppaa ja kirjoittaa siitä kahdeksan jutun sarjan, kävelee
keana Helsingin katuvilinässä, ryöstää lapsen puistosta ja
öskentelee joulupukkina", kuvaa toimittaja Juha Numminen
-lehtien historiassa Jämsän temppuja. Aikaa myöten Jämsän
nput muuttuvat aina vain hurjemmiksi. Hän muun muassa
ini karhun kanssa ja makasi viisikymmentä tuntia elävänä
udattuna.

kakaus- ja viikkolehtien ehdoton julkkis oli Armi Kuusela,
iss Maailma vuodelta 1952. Hänestä ja hänen filippiini-
sestä miehestään Gil Hilariosta kirjoitettiin jatkuvasti.
tykettä antoi Kuuselan entisen managerin kirjoittama
tkera kohukirja Kaunotar katoaa Kaukoitään.

hdistön palstoille pääsivät myös 17. tammikuuta Miss
ıomeksi valittu Yvonne de Bruyn, 19. huhtikuuta Suomen

Neidoksi valittu Lenita Airisto ja edellisen vuoden Suomen Neito Teija Sopanen. De Bruyn tuli Miss Eurooppa-kilpailus toiseksi, mutta Airisto karsiutui Miss Maailma-kilpailussa jo välierissä.

Lapset lukivat innolla sarjakuvalehtiä, kuten Korkeajännityst Aku Ankkaa, Tex Willeria, Pecos Billia, Viidakkoa ja Villiä länttä. Käännetyt sarjakuvalehdet olivat lyöneet itsensä läpi 1950-luvun alussa.

”Ilo kuulla ulaa”

ıonna 1954 tapahtui radiossa tapahtui suuri muutos radion
ıuntelussa. Uusi ula-radio tuli käyttöön. Se lisäsi radioiden
yyntiä, ja Yleisradion radiolupien määrä nousi lähelle
iljoonaa kappaletta. Radioliikkeiden iskevä myyntilause oli:
lo kuulla ulaa”.

uksi uusi ulakanava kuului huonosti, sillä lähettimien
ıuluvuussäde oli vain alle sata kilometriä ja varsinkin Itä- ja
ohjois-Suomessa oli suuria alueita, jotka jäivät ulalähetysten
tveeseen.

oulutyttö Satu Koskimies kirjoitti päiväkirjaansa tarkan
ıvauksen siitä, miten heidän perheeseensä hankittiin upouusi
ızer-radio. Ensimmäinen lähetys teki vaikutuksen: ”Se on
anaa ja siitä kuuluu mahdottoman hyvin.”

laradion tulo mullisti myös radion kuuntelua. Sen kanavalla
itettiin iltapäivisin kaksi kolme tuntia ”kevyttä musiikkia”.
altaosa ohjelmista oli kuitenkin esitelmiä ja vakavaa
usiikkia. Ohjelmavirran katkaisivat ”STT:n uutiset” ja suorat
heilulähetykset. Suosittuja ohjelmia olivat Niilo Tarvajärven
tämät sunnuntaiaamun aamukahvit, Tauno Rautiaisen
iisasten kerho, Lauantain toivotut levyt, Markus-sedän
stenohjelmat ja erilaiset kuunnelmat, kuten hyvin suosittu
rja Kalle Kustaa Korkin seikkailut. Yöllä lähetys päättyi
na Maamme-lauluun.

Ensimmäistä televisiolähetintä koottiin

Yleisradion teknillinen neuvottelukunta ehdotti 1954 televisi toiminnan käynnistämistä. Yleisradion johtokunta kuitenkin tyrmäsi ehdotuksen. Tästä harmistuneena Teknillisen korkea- koulun professori Jouko Pohjanpalo päätti 17. syyskuuta 195 ehdottaa televisiokerhon perustamista. Kerho perustettiin ja tehtäväksi määriteltiin televisiolähettimen rakentaminen ja televisiotoiminnan käynnistäminen.

Kerho sai toimintansa tueksi laitteita, rahaa ja työsuorituksia. Suomen ensimmäinen televisiolähetys lähetettiin 24. touko-kuuta 1955 Teknillisen korkeakoulun laboratoriosta. Asialla olivat teekkarit Erkki Larkka ja Juhani Hämäläinen sekä diplomi-insinööri Martti Tiuri. Ohjelman juonsi näyttelijä Lasse Pöysti.

Ruotsissa ja Neuvostoliitossa televisiota katsottiin jo yleisest Muutamissa helsinkiläiskodeissa seurattiinkin Tallinnan lähetyksiä. Yhdysvalloissa televisio oli yleinen ja siellä aloitettiin ensimmäiset välitelevisiolähetykset 1954. Suomi o parikymmentä vuotta jäljessä kehityksestä. Väritelevisio yleistyi meillä 1970-luvun puolivälissä.

Olavi Virta levytti 73 iskelmää!

usiikkilehti Rytmi kirjoitti 1954: ”Äänilevyjä ostava yleisö, nka tietoisuuteen joku iskelmä on päässyt, tyytyy mihin hansa. Suomalaisella suurella yleisöllä ei vielä ole ns. htikulttuuria, omia suosikkeja, joiden levytyksiä he ensi assa haluavat.”

apan kommentti oli vain osaksi totta. Tapio Rautavaara, eino Helismaa, Kipparikvartetti, Kauko Käyhkö, Metro-töt, Esa Pakarinen, Marjatta ja Martti Pokela, Anna Mutanen tietenkin Olavi Virta olivat tuon ajan tähtiä.

lavi Virta teki peräti 73 levytystä vuonna 1954. Edellisenä ionna hän oli tehnyt vielä enemmän - peräti kahdeksan-mmentä levytystä. Vuoden hittejä olivat Virran Istanbul, etro-tyttöjen Jussista saan miehen armaan, Matti ouhivuoren Mummon kaappikello, Henry Theelin Portugalin ıhtikuu, josta Virta laulanut oman versionsa edellisenä ıonna.

kelmätähdet tekivät pitkiä, jopa viikkokausia, kestäneitä ertueita pitkin Suomea. Laulajan kintereillä matkusti aina kesteri. Liikkuminen huonoilla teillä oli niin hidasta, ettei ertueen kesken voinut lähteä kotiin. Myös levytyksiä tehtiin kein urakalla päiväkausia yhtä mittaa, sillä orkesteria ei ınnattanut pitää jouten studiossa.

uonna 1954 suomalaiset kuuntelivat pääasiassa kotimaista usiikkia. Kaukana Yhdysvalloissa oli tapahtumassa jotain llaista, joka parin vuoden päästä tulisi järisyttämään suomalaisnuorten musiikkimakua. Bill Haley and His Comet levyttivät 12. huhtikuuta 1954 kappaleen Rock Around the Clock, mutta aluksi se ei pärjännyt. Levy nousi vasta vuotta myöhemmin elokuvassa maailmanmaineeseen. Kesä- tai heinäkuussa 1954 Elvis Presley ensimmäisen kappaleensa That´s All Right Mama. Presley oli vasta 19-vuotias. Läpimurto tuli muutaman vuoden päästä.

Täältä ikuisuuteen sai kahdeksan oscaria

ın televisiota tai videoita ei ollut, ajan levytähdet esiintyivät ›kuvissa. Esimerkiksi Virralla oli laulava päärooli hdessakin elokuvassa: Minä soitan sulle illalla ja Kaksi nhaa tukkijätkää.

›timaisen elokuvan päätähtiä olivat Tauno Palo, Siiri ıgerkoski, Aku Korhonen, Lasse Pöysti, Esa Pakarinen, Åke ndman, Tapio Rautavaara ja Leif Wager.

ıoden suosituimpia kotimaisia elokuvia olivat Hella uolijoen Niskavuoren Aarne, jonka Edvin Laine ohjasi, Yrjö ›kon kirjaan perustuva Pessi ja Ilusia sekä Valentin Vaalan jaama Siltalan pehtoori.

na lukunsa olivat Pekka ja Pätkä-filmit, joita tehtiin monta odessa. Esa Pakarinen nousi kansalliseksi kuuluisuudeksi ko kansan Pekka Puupäänä.

ı hyvä muistaa, että varsinkin kaupungeissa oli paljon ›kuvateattereita ja maaseudullakin kiersivät elokuvien yttäjät, jotka pystyttivät valkokankaan maamiesseuran, orisoseuran tai työväentalon näyttämön eteen.

malla tavalla tekivät myös näyttelijät. Helsingin, ımpereen, Turun ja muiden kaupunkien teattereista lähdettiin säksi kiertämään maaseutua. Esimerkiksi Tauno Paloa tiin katsomaan kauempaankin, niin komea mies hän oli. komaisten elokuvien ykkösiä olivat Punainen mylly, Isä ımillo sekä Loma Roomassa, jonka pääosassa näytteli ikiihana Audrey Hepburn. Hän sai Oscarin vuoden parhaasta naispääosasta.

Vuoden parhaaksi elokuvaksi arvioitiin James Jonesin romaanin mukaan tehty Täältä ikuisuuteen, joka sai yhteensä kahdeksan oscaria.

Veikko Hakulinen – latujen valtias

·heilurintamalla vuoden kohokohta oli MM-hiihdot .lunissa. Koko kansa hiljentyi radion ääreen kuuntelemaan ·kka Tiilikaisen selostusta kamppailuista. Mukana oli valtava nsallinen lataus, sillä pahimpia kilpaveikkoja olivat apurikansat ruotsalaiset, norjalaiset ja varsinkin venäläiset. ɔululainen Satu Koskimies kirjoitti 17. helmikuuta .iväkirjaansa. "Inhoan Kutzinia sydämeni pohjasta." ɜnäläinen oli voittanut 50 kilometrin hiihdon tiukassa rikilvassa Veikko Hakulisen kahdeksalla sekunnilla ja niin ·ko Neuvostoliiton joukkue sai Koskimiehen tuomion: "Ne ·at oikein kommunisteja."

.iippumenestys tuli miesten 15 kilometriä. Hakulinen, Arvo .itanen ja Aukusti Kiuru jakoivat mitalit, neljänneksi tuli ɜuvostoliiton Terentjev - suomea puhuva vienankarjalainen - viides ja kuudeskin olivat suomalaisia. Viestissäkin kultaa, ıtta silti Hakulisen tappio 50 kilometrin hiihdossa karvasteli. ıiken kaikkiaan Hakulisen MM-saalis oli mahtava: 15 lometrin kultaa, 30 kilometrin hopeaa, 50 kilometrin hopeaa viestissä vielä kultaa.

yös Matti Pietikäisen ja Veikko Heinosen kaksoisvoitto äessä sekä naishiihtäjien Siiri Rantasen ja Mirja .etamiehen menestyvät olivat ilonaiheita. Luistelussa Juhani rvinen löi itsensä läpi.

äpallo oli suositumpaa ja menestyksellisempää kuin ıkiekko. Silti Suomi osallistui jääkiekon MM-kisoihin. .enestys ei ollut häävi. Suomi sai selkäänsä maalein 20-1

Kanadalta ja Tshekkoslovakialta 12-1, mutta voitti sentään Norjan 2-0 ja pelasi tasapelin Sveitsiä vastaan. Lätkämestaruuden voitti TBK, nykyisen Tampereen Tapparan edeltäjäseura. Vuonna 1954 Suomessa pelattiin vielä ulkona. Ei ollut yhtään jäähallia – kuusikymmentä vuotta myöhemmi niitä on rakennettu yli kaksisataa, joten ei ole ihme, että kansainvälinen pärjääminen on hieman kohentunut.

Kesälajeissa suurimpia sankareita olivat yleisurheilijat. Veikk Karvonen voitti keväällä Bostonin maratonin, Eeles Landström voitti seipään Euroopan mestaruuden, Voitto Hellsten sai EM-kisojen 400 metrin juoksun hopeaa ja kolmiloikan kuudes oli Kari Rahkamo. Pesäpallon Suomen mestaruuden voitti Haminan Palloilijat ja jalkapallon Turun Pyrkivä.

Vuoden tapahtuma – Tuntematon sotilas ilmestyi

ɔpuksi on syytä miettiä sitä, että ikä oli vuoden 1954 tärkein pahtuma Suomessa? Pitkän ırkinnan jälkeen tulin siihen lokseen, että se oli Väinö Linnan maanin Tuntematon sotilas nestyminen sen vuoden syksyllä.

tkosodan päättymisestä oli kulunut kymmenen vuotta, ja dan muisto oli voimakkaasti ihmisten mielissä. Rintama-iehistä nuorimmat, vuosina 1925 ja 1926 syntyneet, eivät leet vielä täyttäneet edes kolmeakymmentä vuotta. Mennyttä taa muisteltiin ja uutta pelättiin. Sodan merkkejä oli vielä ıikkialla.

ımperelainen Finlaysonin tehtaan työmies Väinö Linna oli lut rintamalla, kokenut sodan kauhut ja ryhtyi 1950-luvun ussa kirjoittamaan öisin ja viikonloppuisin kirjaa, jonka meksi hän antoi ”Sotaromaani”. Linnan kirjoitusolot olivat ıonot. Raskaan kuusipäiväisen työviikon lisäksi häntä ıivasi sama vaiva, joka piinasi melkein kaikkia muitakin ıomalaisia: kotona oli hyvin ahdasta. Linna asui vaimonsa ja enen tyttärensä kanssa kahden huoneen ja keittiön ıoneistossa. Kirjoituskoneen rätinä valvotti koko perhettä.

innan tukena olivat hänen tamperelaiset kirjailijakaverinsa ɔirkkalaiskirjailijat”, joiden kanssa hän pääsi keskustelemaan kirjan tekemisen tuskasta. Kirjailija Jaakko Syrjä on kertonut kirjoittamisprosessista. Linnalla oli tapana lukea keskeneräisestä kirjasta pätkiä ystävilleen. ”Kun Väinö oli lopettanu syntyi aina innostunut, mutta silti hiukan kiusallinen tilanne. Ne sanat sanottiin, mitkä kehdattiin, mutta se oli liian vähän. Kehuttiin, mutta hämäläiseen tyyliin pelättiin uhoamista. Oikeastaan ainoa hyvää makua loukkaamaton kiitos oli: Ei jumalauta...”

26. syyskuuta 1954 Linna lähetti kustantajalleen WSOY:lle kirjeen, jossa hän tiedotti, että nyt oli ”parikymmentä miestä matkalla kustantajan luo ja että nuo miehet ovat niin elävän tuoreita, ettei heidän veroistaan joukkoa vielä koskaan aikaisemmin ollut kavunnut ylös Werner Söderströmin kunnianarvoisia portaita”. Linnan mainitsemat parikymmentä miestä tulivat myöhemmin koko kansalle tutuiksi. Koskela, Hietanen, Lahtinen, Vanhala, Rokka, Honkajoki, Kariluoto...

Kustantaja oli kirjasta innostunut mutta varovainen. Ensimmäinen painos oli 8000 kappaletta. Kirja ilmestyi 3. joulukuuta 1954. Joulumarkkinoille siitä oli otettava jo kolma painos. Pylkönmäkeläinen metallimies ja harrastekirjoittaja Matti Hokkanen on kertonut kirjan leviämisestä. ”Tieto Tuntemattomasta levisi hitaanlaisesti. Ensin kulki huhuja suusta suuhun, sitten alettiin seurata lehtien ja radion kertomaa. Viimein jonkun kaupunkisukulainen oli jo omakohtaisesti lukenutkin. Vähitellen keskustelu yltyi, miele kiihtyivät valmiiksi jo ennen omakohtaista lukemista.”

Kirjailija ja toimittaja Anu Seppälä oli kirjan ilmestymisen aikoihin koululainen. Hän on myöhemmin kuvannut kirjan staanottoa omassa kodissaan. ”Majuri, minun isäni, aloitti kemisen heti, kun oli riuhtaissut paperin kirjan päältä. Oli alunalusviikko ja vuosi 1954. ”

Majuri jämähti keittiön pöydän ääreen ja luki yhtä soittoa. älillä hän pomppasi pystyyn, kailotti suurella äänellä otteita rjasta, määräsi kahvia keitettäväksi, ryysti kupin tai pari, veti ikän, mutta ei hetkeksikään hellittänyt silmiään tekstistä. alo paloi keittiössä läpi yön. Aamulla Majuri sanoi veljelleni minulle: Luette tämän kirja ensitöiksenne.”

”Aivan kuin elävä elämä rintamalla”

Kaikki eivät olleet kirjasta yhtä innostuneita. Helsingin Sanomien kirjallisuuskriitikko Toini Havu teilasi Linnan romaanin pitkässä ja perusteellisessa arviossaan, joka julkaistiin 19. joulukuuta 1954. Kirjoitus oli otsikoitu ”Purnaajan sota”. ”Tuntematon sotilas on paksu, mutta ei su sotaromaani”, Havu päätti kirjoituksensa.

”Kirjailijalta puuttuvat tärkeimmät edellytykset: selvä perspektiivi, suuret näköalat, eettinen ja henkinen asennoituminen, terävä johtopäätösten tekotaito.” Havun mielestä Linnan teksti edusti ”inhorealismia, ei kelpa todistusvoimaiseksi sotaromaaniksi”.

Kansa oli toista mieltä. Suomen Gallup teki seuraavana vuonna mielipidekyselyn Tuntemattoman sotilaan saamasta vastaanotosta. Viidesosa suomenkielisistä oli jo lukenut kirja miehistä jopa kolmannes. Valtavan enemmistön mielestä kir antoi oikean kuvan suomalaisista sotilaista. ”Se on aivan kui elävä elämä rintamalla oli”, tiivisti muuan vastaaja, rintamal ollut autonkuljettaja. Vuoden 1955 loppuun mennessä Tuntematonta sotilasta oli myyty 160 000 kappaletta.

Keskustelu Linnan ympärillä jatkui vuosikymmeniä, sillä kirjailija saattoi taloudellisista huolista vapaana keskittyä kirjoittamiseen. 1950-luvun lopulla ja seuraavan vuosikymmenen alussa häneltä ilmestyi kolmiosainen kirjasarja Täällä pohjantähden alla, josta siitäkin tuli suuri menestys. Presidentti Urho Kekkonen arvioi 25 vuotta myöhemmin, että ”Väinö Linnan ansiosta suomalaiset ovat nsana toipuneet monista lapsuus- ja nuoruusaikansa kipeänä notaneista henkisistä haavoista."

intemattomasta sotilaasta on otettu kuutisenkymmentä inosta, joiden yhteispainos lähentelee miljoonaa kirjaa. Sen äksi on otettu muutaman tuhannen erillispainoksia mm. lkokielisinä versioina. Linnan kuoleman jälkeen kustantaja lkaisi aivan alkuperäisen "Sotaromaanin". Siitäkin on otettu eita painoksia, joiden yhteismäärä on lähellä sataatuhatta ppaletta.

iomalaisista kirjoista vain Kalevalasta, Johan Ludvig inebergin Vänrikki Stoolin tarinoista ja Aleksis Kiven itsemästä veljeksestä on otettu yli miljoonan painos.

intematon sotilas on käännetty 24 kielelle, ja siitä on tehty lvin Laineen ja Rauni Mollbergin ohjaamat elokuvat ja toja näyttämöversioita. Vuoden 1954 Nobelin rjallisuuspalkinnon sai Ernest Hemingway, mutta omalaiset antoivat sinä vuonna oman "sydämen nobelinsa" äinö Linnalle.

Lähteet

Dokumentit:

Blomstedt Yrjö ja Klinge Matti (toim.) J. K. Paasikiven päiväkirjat II osa. WSOY 1986.

Helsingin Sanomat. Päivälehti. Sanoma Osakeyhtiö 2003.

Iloinen 1950-luku. Purkkaa, sotakorvauksia ja unelmia. Tammi 2003.

Kansanvalistusseuran kalenteri 1955. Otava 1955.

Kuka kukin on 1954. Otava 1954.

Mitä-Missä-Milloin vuosikirjat 1954 ja 1955. Otava 1954 ja 1955.

Suomen tilastollinen vuosikirja 1954. Tilastollinen päätoimisto 1955.

Suomen tilastollinen vuosikirja 1955. Tilastollinen päätoimisto 1956.

Kirjallisuus:

Aapola Sinikka ja Kaarninen Mervi (toim.)Nuoruuden vuosisata. Suomalaisen nuorison historia. Suomalaisen Kirjallisuuden Seura 2003

Von Bagh Peter - Hakasalo Ilpo. Iskelmän kultainen kirja. Otava 1986.

Davison Jim and Propes Steve. What was the first Rock´n roll record? Faber and Faber 1992.

Haavio Katarina - Koskimies Satu. 50-luvun tytöt. Kirjayhtymä 1993

Haikonen Iiris - Teräväinen Erkki. Coca Cola. 50 vuotta suomalaisten hyvissä hetkissä. Edita 2002.

Hollmen Hannakatri (toim.). Eilispäivän historia. Jälleenrakennuksesta yltäkylläisyyteen. Valitut Palat 2003.

Häikiö Martti. Nokian Oyj:n historia II osa. Edita 2001.

Jakobson Max. Veteen piirretty viiva. Otava. 1980.

Kiviniemi Eero. Rakkaan lapsen monet nimet: suomalaisten etunimet ja nimenvalinta. Weilin &Göös 1982.

Korkiasaari Jouni - Tarkiainen Kari. Suomalaiset Ruotsissa. Siirtolaisinstituutti 2000.

Kuisma Markku. Kylmä sota, kuuma öljy. Neste, Suomi ja kaksi

urooppaa. WSOY 1997.
ehtinen Lasse. Aatosta jaloa ja alhaista mieltä. Urho Kekkosen ja
OP:n suhteet 1944-1981. WSOY 2002.
eskelä Ari (toim.) Hitit - iskelmän 50-luku. Warner/Chappell Music
nland 1998.
ytinen Eino. Mauno Koivisto - tie politiikan huipulle. WSOY 1995
arkkanen Jyrki. Kupla - aikansa sankari. Atena 2003.
umminen Juha. Tarina A-lehtitalosta. A-lehdet. 2003.
sari Pentti. Näköradiosta digitelevisioon. Cetonia Systems. 2000.
autkallio Hannu. Paasikivi vai Kekkonen? Suomi lännestä nähtynä
45-1956. Tammi 1990
llanpää Merja. Säännöstelty huvi. Suomalainen ravintola 1900-luvulla.
uomalaisen Kirjallisuuden Seura 2002.
uomi, Juhani. Kuningastie. Urho Kekkonen 1950-1956. Otava 1990.
uominen Jaakko. Koneen kokemus. Tietoteknistyvä kulttuuri
odernisoituvassa Suomessa 1920-luvulta 1970-luvulle. Vastapaino
03.
arpio Yrjö (toim.)Väinö Linna - toisen tasavallan kirjailija. WSOY
80.

ehdet:

amulehti
elsingin Sanomat
a-Sanomat
uomen Kuvalehti
ika ja Mies 1954
erveydenhoitolehti 1954

www.ingramcontent.com/pod-product-compliance
Ingram Content Group UK Ltd.
Pitfield, Milton Keynes, MK11 3LW, UK
UKHW041838200726
13854UKWH00003BA/1205

9 781304 7988